Macmillan/McGraw-Hill

Libro interactivo del estudiante

TEXAS Tesoros de lectura

www.macmillanmh.com

Conéctate **StudentWorks** **Plus**
Libro interactivo del estudiante

OBSERVA

- Vistazo preliminar a los conceptos y selecciones de la semana

LEE

- Lectura palabra por palabra

APRENDE

- Preguntas de comprensión
- Actividades de investigación y aprendizaje digital
- Acti... de ... orto... escr...

DESCUBRE

- Resúmenes y glosario

Conéctate **Actividades en Internet**
www.macmillanmh.com

- **Actividades interactivas** para la enseñanza guiada y la práctica

IWB Interactive White Board

Pablo Bernasconi vive en Bariloche, Argentina, adonde disfruta de la naturaleza, en especial de los animales silvestres, a los que le encanta observar y pintar.

Escribió e ilustró cinco libros infantiles, que fueron traducidos a ocho idiomas: *El Brujo, el Horrible y el libro rojo de los hechizos, El Diario del Capitán Arsenio, Hipo no nada, El Zoo de Joaquín y Black Skin, white cow*. Además ilustró más de diez libros de autores de diferentes nacionalidades.

Obtuvo prestigiosos premios en América y Europa. Actualmente trabaja desde Bariloche para Alemania, EE.UU., Inglaterra, Australia, España, Costa Rica y Japón.

TEXAS Tesoros de lectura

Lectura/Artes del lenguaje

Autores

Elva Durán

Jana Echevarria

David J. Francis

Irma M. Olmedo

Gilberto D. Soto

Josefina V. Tinajero

Macmillan/McGraw-Hill

Contributors

Time Magazine, Accelerated Reader

learning through listening

Students with print disabilities may be eligible to obtain an accessible, audio version of the pupil edition of this textbook. Please call Recording for the Blind & Dyslexic at 1-800-221-4792 for complete information.

B

The McGraw·Hill Companies

Macmillan/McGraw-Hill

Published by Macmillan/McGraw-Hill, of McGraw-Hill Education, a division of The McGraw-Hill Companies, Inc., Two Penn Plaza, New York, New York 10121.

Printed in the United States of America

ISBN: 978-0-02-207239-1
MHID: 0-02-207239-X

5 6 7 8 9 DOW 13 12 11 10

TEXAS
Tesoros de lectura

Lectura/Artes del lenguaje

Bienvenidos a
Tesoros de lectura

Imagina cómo sería ser un astronauta y viajar por el espacio, o aprender sobre las familias de diferentes animales, o leer sobre un loro que pierde su voz. Tu **libro del estudiante** contiene éstas y otras selecciones premiadas de ficción y no ficción.

Macmillan/McGraw-Hill

Unidad 5

Ciencias

Naturaleza

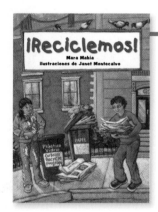

La **gran** pregunta

¿Qué ves en la naturaleza?

Busca más información sobre la naturaleza en **www.macmillanmh.com**.

La gran pregunta

¿Qué ves en la naturaleza?

El mundo de la naturaleza está en todo lo que nos rodea. Está en lo alto del cielo, en los árboles e incluso debajo de la tierra. Las plantas, los animales, el cielo, el agua y la luz del sol forman parte de la naturaleza.

Hay muchas cosas que estudiar en la naturaleza. Puedes estudiar el cielo de noche. Puedes aprender sobre el tiempo y qué hace que un día sea soleado o lluvioso. Puedes estudiar animales y por qué hacen las cosas que hacen. Aprender sobre la naturaleza puede ayudarnos a comprender el mundo que nos rodea. También nos muestra cómo cuidar mejor nuestro mundo, e incluso, cosas sobre nosotros mismos.

Actividades de investigación

¿Hay alguna planta o animal del cual te gustaría aprender? Escoge una planta o animal que te parezca interesante. Consulta distintas fuentes de referencia y entrevista a un experto en el tema. Anota lo que aprendas. Comparte tu informe con la clase.

Anota lo que aprendes

Mientras lees, anota lo que aprendas sobre el mundo de la naturaleza. Usa el boletín en acordeón. Puedes incluir el tiempo, las estaciones, los animales, las plantas, la tierra y el cielo. Escribe lo que aprendas de cada uno.

MODELOS DE PAPEL®
Ayudas de estudio

El tiempo | Las estaciones | Los animales | Las plantas | El cielo | La Tierra

Taller de investigación

Haz la investigación de la Unidad 5 con:

Guía de investigación
Sigue la guía paso a paso para completar tu proyecto de investigación.

Recursos en Internet
- Buscador por temas y otras herramientas de investigación
- Videos y excursiones virtuales
- Fotos y dibujos para presentaciones
- Artículos y recursos relacionados en Internet

Busca más información en
www.macmillanmh.com.

TEXAS
Gente y lugares

Las Cavernas Innerspace
Descubiertas por el Departamento de Vialidad de Texas en 1963, estas cavernas tienen numerosos espacios con formaciones muy decorativas. Los científicos creen que este lugar existe desde hace más de cien millones de años.

A platicar

¿Por qué
reciclamos?

Conéctate

Busca más información
sobre reciclar en
www.macmillanmh.com.

Mis palabras

pueda, puede

Tierra

limpio

---

reciclar

papel

Lee para descubrir

¿Por qué es importante reciclar?

papel

botellas

¡A reciclar!

En mi familia nos encantan todas las formas de **reciclar.** Cuando reciclamos hacemos que algo usado se **pueda** volver a utilizar.

Se **puede** reciclar de todo, como plástico y **papel**. ¡Es fantástico reciclar porque así ayudamos a la **Tierra**!

No es broma: Reciclar es urgente, por un mundo más sano y **limpio**, por un mundo mejor.

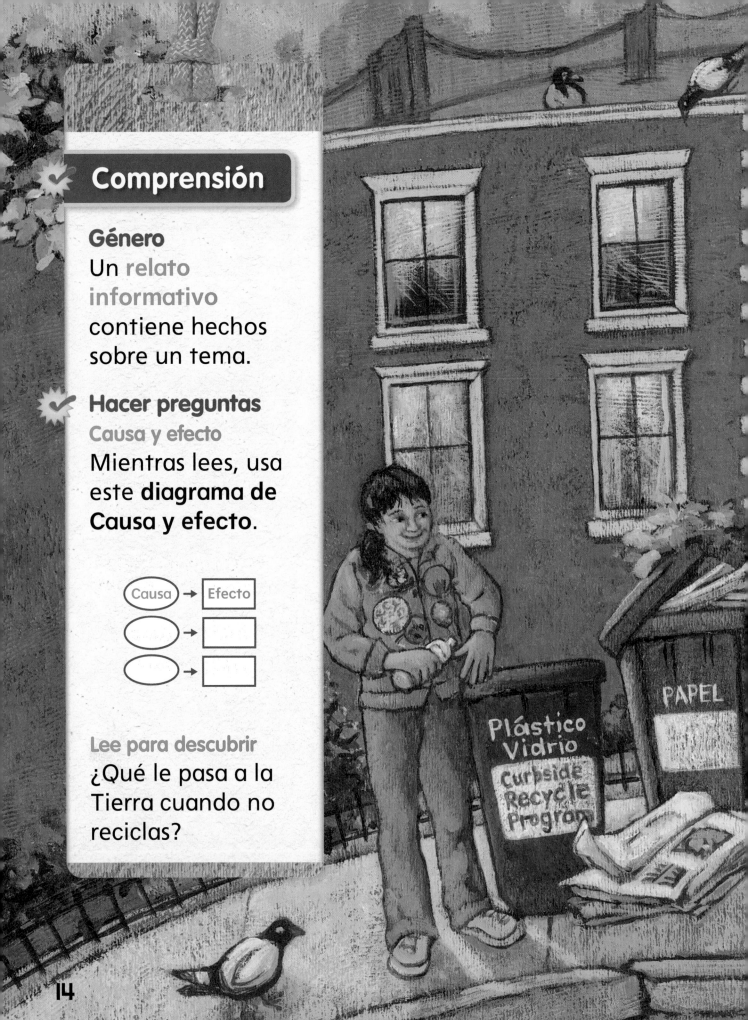

Comprensión

Género
Un relato informativo contiene hechos sobre un tema.

Hacer preguntas
Causa y efecto
Mientras lees, usa este **diagrama de Causa y efecto**.

Causa → Efecto
○ → ▢
○ → ▢

Lee para descubrir
¿Qué le pasa a la Tierra cuando no reciclas?

¡Reciclemos!

Mara Mahía
ilustraciones de Janet Montecalvo

Me llamo Bruna García y vivo en Brooklyn, en la ciudad de Nueva York.

Me gusta vivir aquí. Hay muchos árboles y parques donde jugar. También hay una biblioteca donde me gusta ir a leer.

Ir a la biblioteca es fantástico. A mí me
encantan los libros de aventuras.

Un día estaba en la biblioteca haciendo
un dibujo. Pero no me salía bien. Así que
rompí la hoja y la tiré en una papelera.

18

Entonces un niño me dio la hoja de **papel** que había tirado y me dijo que esa no era la papelera de **reciclar**.

Así conocí a Marcos, mi mejor amigo.
Marcos también vive en Brooklyn, y
desde pequeño aprendió a reciclar.

20

Cuando su papá toma un refresco, tira la botella en un bote para reciclar botellas.

Cuando su mamá termina de leer el periódico, lo tira en el bote para reciclar papel.

Marcos me dijo que mucha gente no recicla. ¡Qué descuido! Por eso Marcos está haciendo un reporte sobre reciclar. Hoy me lo mostró.

Cuando no reciclas, la **Tierra** sufre. Eso
me dijo Marcos. Pensé que era imposible:
"la Tierra no **puede** sufrir", me dije.

Marcos me lo explicó: cuando no reciclamos, es necesario hacer papel nuevo. Para hacer papel hay que cortar árboles, y eso destruye los bosques.

Los bosques ayudan a mantener **limpio** el aire y nos ayudan a respirar. Allí también viven muchos animales. Imagínate lo que les pasará si no tienen donde vivir.

Cuando no se reciclan las botellas de plástico hay que hacer más botellas. Para hacer el plástico se necesita petróleo.

El petróleo se encuentra debajo de la tierra. Para que se **pueda** formar más petróleo hacen falta millones de años. Cada vez hay menos y menos petróleo.

Después de que Marcos me explicó esto, me di cuenta de que si reciclamos, gastamos menos y cortamos menos árboles.

Cuando reciclamos, la Tierra está contenta.

Comenzamos una campaña en la escuela. Pusimos unos botes en el patio. Uno para reciclar botellas y otro para reciclar papel.

29

Muchos niños ayudaron. Los botes de reciclar estaban llenos. ¡Bravo!

Yo aprendí a reciclar. Ahora te toca a ti.
Recuerda que reciclar es URGENTE.

Pensando en el planeta

Mara Mahía dice: "Cuando era pequeña no sabía que se podía reciclar. Ahora todos tenemos la oportunidad de ayudar a la Tierra. Por eso me gustó escribir este cuento, ¡porque me gusta reciclar!".

Janet Montecalvo nació en Boston, Massachusetts. A ella siempre le ha gustado dibujar y pintar. Además de ilustrar, Janet enseña arte a niños.

 Busca más información sobre Mara Mahía y Janet Montecalvo en **www.macmillanmh.com**

 Propósito de la autora

Mara nos muestra la importancia de cuidar la Tierra. Dibuja algunas de las cosas que se pueden reciclar. Escribe el nombre de cada una.

Pensamiento crítico

Volver a contar

Usa las tarjetas para
volver a contar el cuento.

Tarjetas
Cuéntalo otra vez

Pensar y comparar

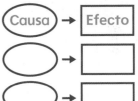

1. ¿Qué hace que Bruna decida
   empezar a reciclar?

2. ¿Participas, como Marcos y
   Bruna, en el programa de
   reciclaje de tu escuela o del lugar donde
   vives? ¿Por qué?

3. ¿De qué otras maneras puedes ayudar a
   salvar la Tierra?

4. ¿En qué se parecen Bruna y Marcos a la
   familia de "¡A reciclar!"?

El viaje de una botella

Acabas de beber agua. Ahora tiras la botella en un recipiente azul para **reciclaje**. ¿Qué va a pasarle a esa botella?

Nosotros reciclamos

Un camión recogerá la botella. La llevará con otras muchas botellas a un centro de reciclaje.

Al llegar allí, las botellas caen por una gran rampa.

35

Luego, unas personas **separan** las latas, las botellas y el papel.

Plano de un centro de reciclaje

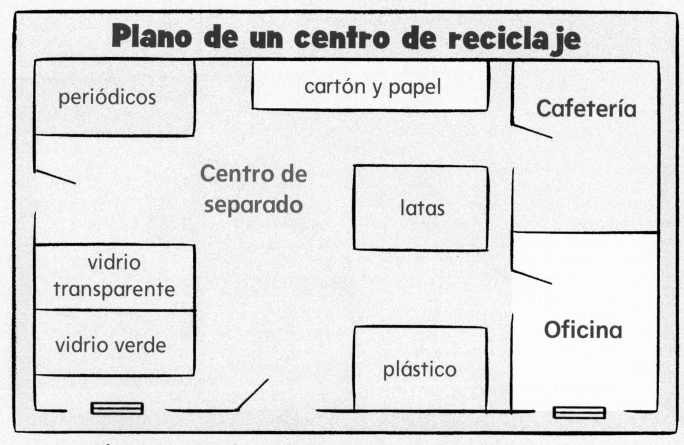

periódicos

cartón y papel

Cafetería

Centro de separado

latas

vidrio transparente

vidrio verde

plástico

Oficina

Observa este plano de un centro de reciclaje.
¿Qué cosas puedes ver que se reciclan allí?

Tu botella está hecha de **plástico**. La llevarán a una fábrica. Allí las botellas se cortan en pedacitos muy pequeños.

Después los pedacitos de plástico se derriten hasta que están blandos. El plástico blando se puede usar para hacer muchas cosas nuevas.

Las reglas verdes de la foto se hicieron con plástico reciclado. Con el plástico reciclado también se puede hacer hilo. Este hilo sirve para hacer calcetines y suéteres y para relleno de bolsas de dormir.

Todas las cosas que tiene esta niña
se hicieron con plástico reciclado.
Quizá una de esas cosas se hizo con tu
botella.

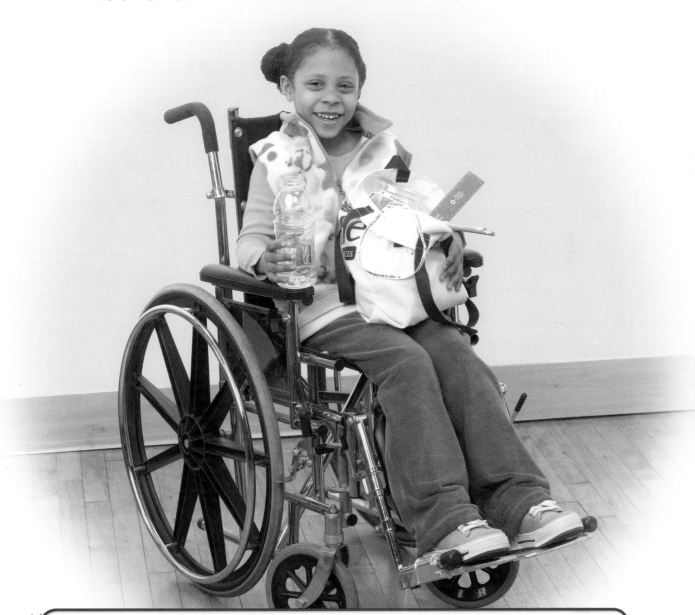

Pensamiento crítico

¿Qué cosas de las que reciclan los niños del cuento
¡Reciclemos! podrían llevarse a un centro de
reciclaje como el de "El viaje de una botella"?

El adjetivo

Un adjetivo es una palabra que describe o dice cómo es una persona, un lugar o una cosa.

Escribe un aviso publicitario

Carlos escribió un aviso publicitario sobre el reciclaje.

¿Tienes vidrio o papel usado?
¿Y plástico o latas viejas?
En la escuela hay botes azules y verdes para reciclaje.
¡Úsalos! Salva nuestro hermoso planeta.

Tu turno

Podemos reciclar muchas cosas. Piensa por qué es importante reciclar. Escribe un aviso publicitario para informar sobre el reciclaje.

Gramática y escritura

- Lee el anuncio de Carlos.
  Señala los adjetivos. Señala los signos de interrogación y de exclamación.

- Revisa tu anuncio publicitario.
  ¿Tiene información sobre el reciclaje?
  ¿Usaste adjetivos para describir qué cosas pueden reciclarse?

- Comparte tu anuncio publicitario con el resto de la clase.

¿Qué hacen los científicos?

¿Qué es un científico?
¿Qué tipo de preguntas hace un científico?

Conéctate

Busca más información sobre científicos en **www.macmillanmh.com**

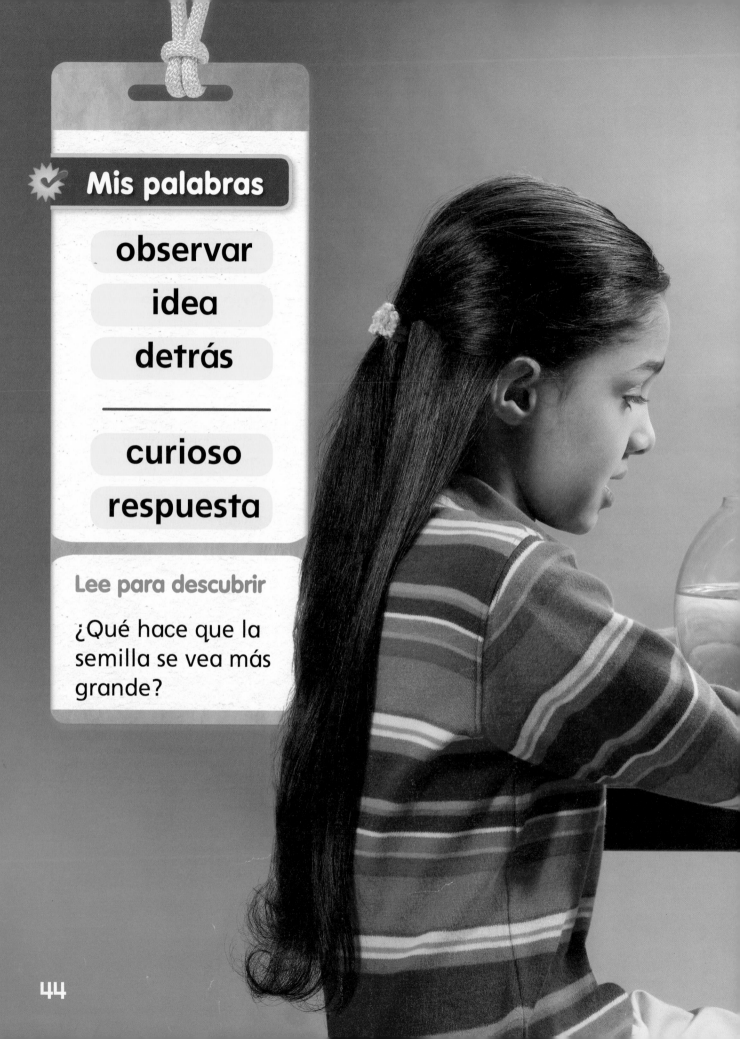

Mis palabras

observar

idea

detrás

---

curioso

respuesta

Lee para descubrir

¿Qué hace que la semilla se vea más grande?

Sé curioso

¿Eres **curioso**? ¿Te gusta **observar** cosas pequeñitas? Entonces, esta **idea** es para ti. Llena un frasco con agua, y pon en tu mano alguna cosa pequeña, como una semilla.

Pon la mano **detrás** del frasco, pero no muy lejos. ¿Parece ahora más grande la cosa pequeñita? ¡Seguro que ya sabes la **respuesta**!

Repite con otras cosas pequeñitas. ¿También se verán más grandes?

Comprensión

Género
Una **biografía** es la historia de la vida de una persona.

Resumir
Hacer inferencias
Mientras lees, usa esta **tabla de inferencias**.

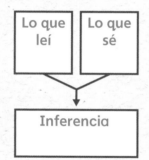

Lo que leí	Lo que sé

Inferencia

Lee para descubrir
¿Por qué es Ben Franklin un gran personaje estadounidense?

Éste es Ben Franklin

Philip Dray
ilustraciones de John Kanzler

Autor premiado

Capítulo 1

—¡Ben! ¡Ben! —le llamaban sus amigos.

—Aquí estoy —dijo Benjamin Franklin.

Ben estaba sentado en el muelle.
Miraba los grandes barcos. Le
gustaba **observar** cómo el viento
hinchaba las velas por **detrás**.

Ben Franklin vivió hace mucho tiempo.
A Ben le gustaban muchas cosas.
Le gustaba leer. Era muy bueno
contando chistes y jugando.

Ben era un niño **curioso**. También era inteligente. Le gustaba imaginar cosas. También le gustaba hacer cosas.

Un día, Ben hizo un papalote rojo.

—Este papalote será como las velas de los grandes barcos —dijo Ben.

Poco después, Ben y sus amigos fueron
a nadar. Ben llevó su papalote.

—¿Qué vas a hacer con eso? —le
preguntaron sus amigos.

—Ahora verán —dijo Ben.

Ben comenzó a correr. El viento levantó el papalote. Ben saltó al agua y empezó a ir muy rápidamente. El papalote lo estaba jalando.

—¡Miren qué rápido va! —decían sus amigos.

—¿Cómo se le ocurrió eso a Ben? —se preguntaban.

53

Capítulo 2

Pasó el tiempo. Ben creció. Todavía le gustaba imaginar cosas. Y también hacer cosas.

Ben hizo un nuevo tipo de estufa. Era una estufa pequeña, pero daba mucho calor.

Ben hizo un nuevo tipo de lentes. Con ellos la gente podía ver lejos.

—¿Cómo se le ocurrió eso a Ben? —se preguntaba la gente.

En la época en que Ben vivió, la gente no conocía bien la electricidad.

El curioso Ben quería saber más sobre la electricidad. Sabía que la electricidad produce chispas. A veces Ben veía las chispas al meter una llave en la cerradura.

Un día de lluvia, Ben vio la luz de un rayo. El rayo era como una chispa grande. Ben quería saber si el rayo era electricidad.

Capítulo 3

—¿Cómo puedo saber si el rayo es electricidad? —Ben necesitaba una **respuesta**. —Yo no puedo llegar hasta las nubes.

Ben tuvo una **idea**. Un papalote le había ayudado una vez. Ahora también podría ayudarle.

—Yo no puedo llegar hasta las nubes, pero un papalote sí puede —dijo Ben.

Ben esperó hasta el siguiente día
de lluvia. Entonces salió de su casa.
Llevaba un papalote y una llave de
hierro. Ben hizo volar el papalote.

Hubo un rayo. Ben notó que la cuerda del papalote se movía con fuerza. Entonces vio que saltaban chispas de la llave.

—¡Esto demuestra que el rayo es electricidad! —dijo Ben.

Ben tuvo una idea. Sabía que un rayo podía hacer arder una casa. Ben puso una barra de hierro en el tejado de su casa.

—Los rayos caerán sobre la barra de hierro, pero no sobre mi casa. Así mi casa estará protegida —dijo Ben.

Los amigos de Ben también pusieron barras de hierro en el tejado de sus casas. Hoy en día todavía se usan estas barras, llamadas pararrayos, para proteger las casas.

A Ben le gustaba que su pararrayos fuera útil a la gente. Durante su vida, Ben Franklin hizo muchas cosas para ayudar a la gente. Todavía tenía más cosas que imaginar y más cosas que hacer.

Conoce a Philip Dray

Philip Dray dice:
"Escribo libros sobre personajes de Estados Unidos que se atreven a hacer cosas para mejorar nuestro país. Quería contar la historia de Ben Franklin y su papalote porque Ben tuvo el valor de intentar algo que nadie antes había intentado hacer".

Conéctate
Busca más información sobre Philip Dray en
www.macmillanmh.com

✸ Propósito del autor

Philip Dray quería escribir una historia real sobre Ben Franklin y sus ideas novedosas. Escribe sobre uno de sus inventos. Di cómo mejoró la vida o la hizo más fácil.

Pensamiento crítico

Volver a contar

Usa las tarjetas para
volver a contar el cuento.

Tarjetas
Cuéntalo otra vez

Pensar y comparar

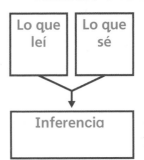

1. ¿Qué clase de amigo
   crees que sería Ben
   Franklin? ¿Por qué?

2. ¿Qué cosas de tu casa usan electricidad?

3. ¿Por qué crees que Ben Franklin es un
   estadounidense famoso y respetado?

4. ¿Qué aprendiste a hacer en "Sé curioso"?
   ¿En qué se parece lo que hiciste a lo
   que hizo Ben Franklin?

Una mirada de cerca

¿Cómo los **científicos** ven de cerca las cosas pequeñas? Las miran con un **microscopio**. Así las cosas pequeñas parecen grandes.

Mira la **fotografía** que está en el círculo. La foto se hizo con un microscopio. En ella se muestra algo que ves todos los días. ¿Sabes lo que es?

Es **sal**. Así puedes ver la forma de cada grano de sal.

Estos son **cabellos**.
En tu cabeza hay casi
100,000 cabellos.
Cada cabello tiene una
envoltura dura.

Esta es una hoja de **hierba**.
Los bordes afilados
mantienen alejados a los animalitos.

¿Qué otra cosa te gustaría ver de cerca?
¿Qué aspecto crees que tendría?

Pensamiento crítico

¿Qué podría haber hecho el joven Ben Franklin
con un microscopio?

Kevin escribió sobre uno de los inventos de Ben Franklin.

Franklin inventó el pararrayos. Vio cómo un rayo incendiaba una casa grande. Puso una larga barra de hierro en el techo de su casa. El rayo cayó en la barra y no en la casa. Fue uno de sus grandes inventos.

Tu turno

¿Dónde puedes encontrar información sobre Ben Franklin? Investiga sobre uno de los inventos de Ben Franklin.

Piensa para qué sirve el invento.

Escribe un informe sobre la importancia del invento.

Gramática y escritura

- Lee el informe de Kevin. ¿Qué datos aprendiste? Señala los sustantivos y los adjetivos que concuerdan con cada uno.

- Revisa tu informe. ¿Incluiste datos sobre el invento? ¿Hay concordancia entre los sustantivos y los adjetivos que usaste?

- Léele tu informe a un compañero o una compañera.

71

A platicar

¿Qué tipos de
tiempo conoces?
¿Cuál es tu tipo de
tiempo favorito?

 Busca más información
sobre el tiempo en
www.macmillanmh.com

cálido

sonido

mantenerse

estupendo

———

intenso

predecir

Días cálidos y días fríos

¿Cómo está el día en esta foto? Es un día **cálido** y húmedo. El **sonido** de la lluvia es **intenso**. Los niños juegan en sus casas.

Esta lluvia es muy fuerte. Pero parece que terminará. ¿Puedes **predecir** cómo será el día después?

Este día es frío. Pero estos niños saben cómo **mantenerse** abrigados. Los niños corren, saltan y se divierten. ¿No crees que es un día **estupendo** para jugar?

Tiempo tormentoso

Género
Un texto de no ficción nos informa sobre un tema.

✔ **Volver a leer**
Comparar y contrastar
Busca semejanzas y diferencias entre los distintos tipos de tormentas.

¿Cuántos tipos de tormentas conoces?

Hay muchos tipos de tormentas.

¿Cómo son las tormentas donde tú vives?

Algunos días, el cielo está gris. Eso puede indicar que se acerca una tormenta.

Un cielo gris puede indicar tormentas de lluvia. Es posible que veas el destello de un rayo. Después se oye un **sonido** fuerte. Es un trueno. ¡Hay que irse a casa!

Un rayo puede hacer arder un árbol.

Las tormentas de rayos a veces traen vientos fuertes. Este viento puede romper las ramas de los árboles. Pueden caer del cielo bolas de hielo. Esto se llama granizar. Puede granizar cuando el tiempo es **cálido** o cuando es frío.

El granizo casi siempre es pequeño. A veces, puede ser más grande que una pelota de tenis.

A veces, hay tormentas cuando hace mucho frío. Puede nevar tanto que es muy difícil ver. Vientos fuertes forman grandes montones de nieve. Esto se llama una ventisca.

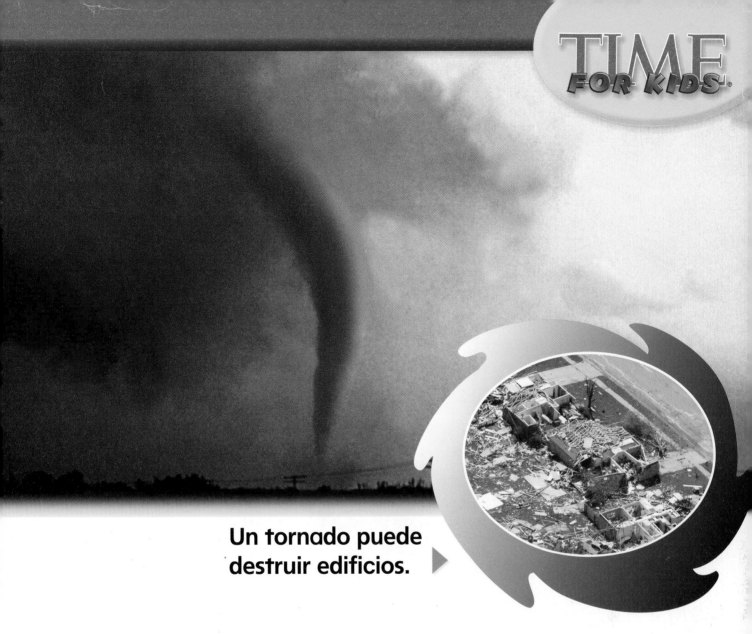

Un tornado puede destruir edificios. ▶

Algunas tormentas traen un viento muy **intenso**. Un tornado está formado por vientos muy rápidos que giran. El viento puede levantar del suelo camiones y casas.

Los científicos pueden **predecir** cuándo habrá un tornado. Así las personas pueden **mantenerse** a salvo.

Mira afuera el día de hoy. ¿Parece
que se acerca una tormenta? ¿O es
un día **estupendo** para jugar afuera?

 Pensamiento crítico

Decir lo que aprendiste

¿Qué aprendiste sobre las tormentas?

Pensar y comparar

1. ¿En qué se parecen y en qué se diferencian una tormenta de rayos y una ventisca?

2. Describe una tormenta que hayas visto. ¿En qué se parece a las tormentas sobre las que has leído?

3. ¿Qué harías si te quedas atrapado en una ventisca, una tormenta de rayos o una tormenta de granizo?

4. ¿En qué se parecen las tormentas de "Tiempo tormentoso" a las de "Días cálidos y días fríos"?

Tormentas peligrosas

Muestra lo que sabes

El autor y yo
Piensa en lo que dice el autor.
Piensa en lo que sabes.

Algunas tormentas son peligrosas. Por ejemplo, en las tormentas eléctricas pueden caer rayos. Los rayos se ven como fuertes destellos en el cielo. Pueden ser muy peligrosos.

No estás a salvo cuando estás afuera. Tampoco estás a salvo si te refugias bajo un árbol.

¿Cuándo estás a salvo de los rayos? Estás a salvo cuando estás bajo techo. Cuando haya una tormenta eléctrica… ¡corre a refugiarte bajo techo!

INSTRUCCIONES

Contesta las preguntas.

I   Los rayos se ven como —

Ⓐ árboles que se mueven.

Ⓑ un gran destello en el cielo.

Ⓒ lluvia muy intensa.

2   ¿Por qué son peligrosas las tormentas eléctricas?

Ⓐ La lluvia te mojará.

Ⓑ El ruido del trueno es muy fuerte.

Ⓒ Los rayos son peligrosos.

3   ¿Dónde estás a salvo de los rayos?

Ⓐ en un salón de clases

Ⓑ en un río

Ⓒ bajo un árbol

Escribe sobre el tiempo

Luis hizo un plan. Luego, escribió un informe sobre un tornado.

LOS TORNADOS

Un tornado es un tipo de tormenta muy fuerte. Parece una nube que gira. La parte de arriba del tornado está en el cielo. La parte de abajo toca la tierra. Los tornados son peligrosos.

✏️ Tu turno

Todo el mundo ha visto algún tipo de tormenta. Piensa en una tormenta que hayas visto o sobre la que sepas algo. Escribe un informe sobre esa tormenta.

Control de escritura

☑ Ponle un título a tu informe.

☑ Describe cómo se ve y cómo suena la tormenta. Di lo que hizo la tormenta.

☑ Revisa tu informe para corregir errores.

En el cielo

A platicar

¿Qué ves cuando miras el cielo?

Busca más información sobre el cielo en **www.macmillanmh.com**.

En el planetario

ilustraciones de
Héctor Borlasca

Mis palabras

universo

estrella

enorme

Sol

Luna

Lee para descubrir

¿Qué escribió María en su cuaderno?

María visitó el planetario con su clase. La maestra pidió a los niños que tomaran notas.

Esto es lo que María escribió en su cuaderno:

El universo es todo lo que existe.

El Sol es una estrella enorme. Nos da luz y calor.

La Luna es un satélite que gira alrededor de la Tierra.

Comprensión

Género
Una fantasía es una historia que no puede suceder en la realidad.

Visualizar
Orden de los sucesos
Mientras lees, usa este **diagrama de orden de los sucesos.**

Primero

↓

Después

↓

Al final

Lee para descubrir

¿Por qué la niña quiere ser astronauta?

Yo, Astronauta

texto e ilustraciones de María Espluga

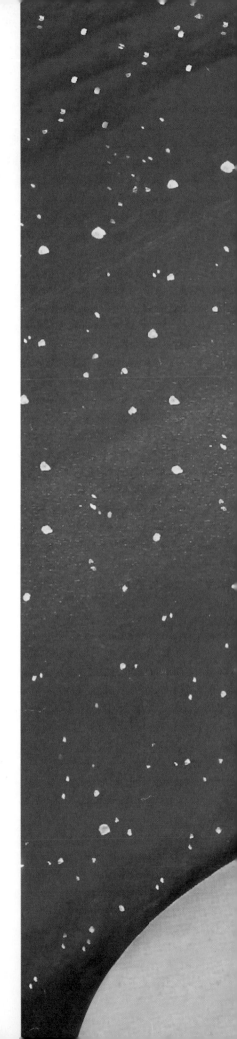

Yo quiero ser astronauta
como mi príncipe azul.

Atravieso las nubes donde
duerme el Gigante Narizotas.

Vuelo como un pájaro
y veo el mundo al revés.

Soy enorme como el Universo
y pequeña como una estrella.

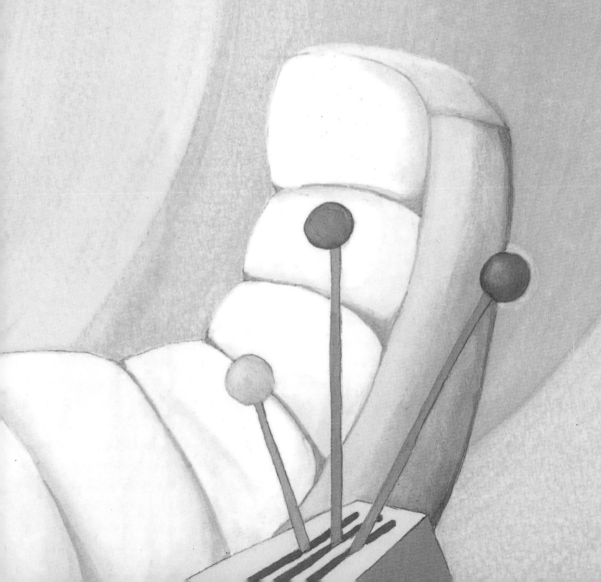

Me zampo un pastel de espinacas,
un pastel de cerezas
y un pastel de chocolate
¡de un solo bocado!

Meriendo con mis padrinos del cielo.

Cuento un cuento al Sol
y él sueña con luciérnagas.

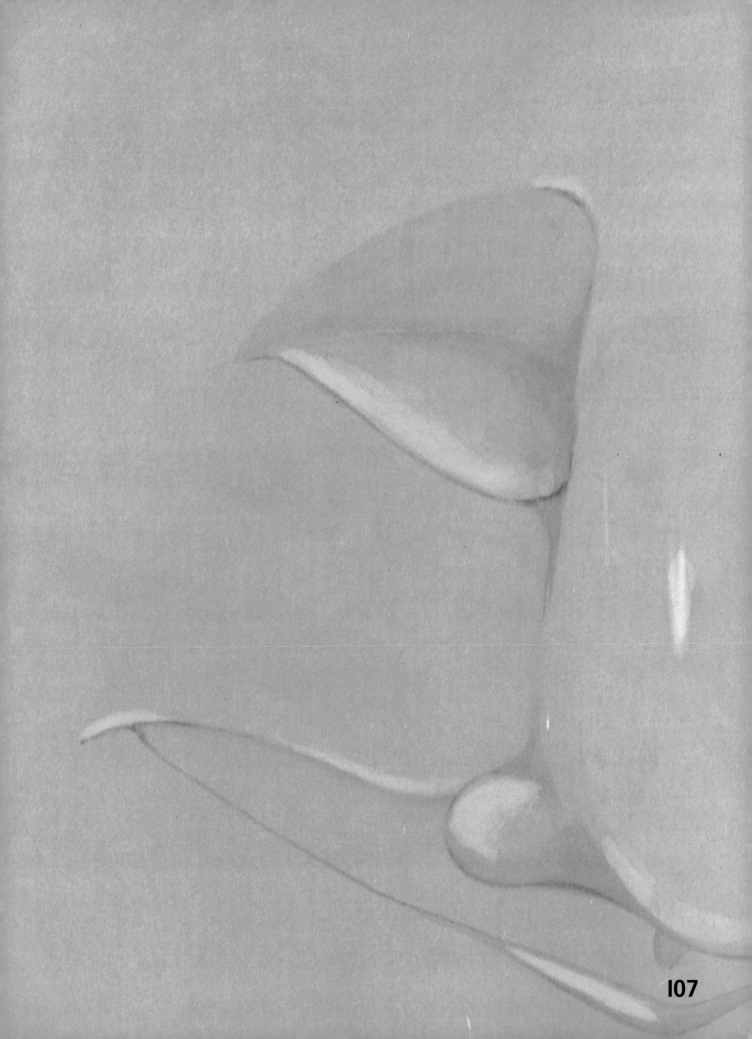

Me lanzo a toda velocidad sobre
la cola del cometa...

Y le regalo una flor a la Luna.

Dibujo mi viaje a través del cielo
antes de volver a casa.

Y llego justo a tiempo…

¡para compartir con mis amigos
una vista magnífica!

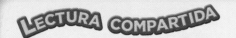

Te invito a soñar

María Espluga nos dice:
"Nací en el barrio de Horta de Barcelona. Desde pequeña dibujaba por todas partes y siempre carreteaba libros arriba y abajo, y todavía tengo la suerte de continuar haciendo lo mismo. He ilustrado cuentos, libros de texto, colaboro en revistas y he hecho figurines, máscaras y muñecos para obras de teatro."

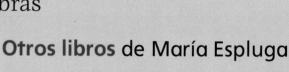

Otros libros de María Espluga

Busca más información sobre María Espluga en **www.macmillanmh.com**

MARIA ESPLUGA
YO, BAILARINA
Combel

MARIA ESPLUGA
YO, MARINERO
Combel

Propósito de la autora

María Espluga escribió sobre el viaje imaginario de una pequeña astronauta. Si pudieras ser algo distinto, ¿qué te gustaría ser? Escribe lo que harías.

Pensamiento crítico

Volver a contar

Usa las tarjetas para
volver a contar el cuento.

Tarjetas *Cuéntalo otra vez*

Pensar y comparar

1. ¿Qué es lo primero que hace
   la niña del cuento? ¿Qué hace
   después y al final?

Primero
↓
Después
↓
Al final

2. ¿Has imaginado una aventura
   como la de la niña del cuento?
   ¿Qué personaje eras y qué hacías?

3. ¿Crees que es posible lo que hace la niña
   del cuento? ¿Qué hacen los astronautas
   en la vida real?

4. ¿Qué cosas ve la niña de *Yo,
   Astronauta* en su viaje que
   también aparecen en lo que
   escribe María, la niña de "En el
   planetario"?

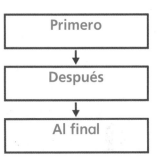

Poesía

Género

En un poema hay palabras que suenan bien juntas.

Elementos literarios

Juego de palabras

Los poetas usan las palabras de manera divertida. Esto se llama juego de palabras.

Busca más información sobre el cielo en **www.macmillanmh.com**

Pío pío

En la rama
de un pino,
un pichón
en su nido
pía que pía,
y con su pitido
despierta
a Don Pío.

✦ Pensamiento crítico

¿Con qué palabras de *Yo, Astronauta* podrías hacer un juego de palabras?

Escribe un poema sobre el cielo

Sinónimos y antónimos

Los **sinónimos** son palabras que quieren decir lo mismo.
Los **antónimos** son palabras que expresan lo opuesto.

Julia escribió un poema sobre el cielo.

En noches claras y hermosas
me encanta mirar el cielo,
en especial las estrellas.
Desde aquí parecen pequeñas
pero son enormes y muy bellas.

Tu turno

Piensa en el cielo, ya sea de día o de noche.

¿Cómo se ve?

¿En qué te hace pensar?

Escribe un poema sobre el cielo.

Gramática y escritura

- Lee el poema de Julia.
  ¿Qué datos aprendiste?
  Busca sinónimos y antónimos.

- Revisa tu poema.
  ¿Usaste adjetivos para hablar del cielo?
  ¿Usaste sinónimos y antónimos?

- Léele tu poema a un compañero o una compañera.

¿Cómo cambian los animales a medida que crecen?

 Busca más información sobre el mundo de los animales en **www.macmillanmh.com**

El mundo de los animales

fueron

nueve

frente

---

asustar

compraron

✔ **Lee para descubrir**

¿Qué comen los osos panda cuando ya no son bebés?

Tai Shan
15 meses de edad

Frente a los osos

Nico y Ámbar **fueron** con su clase al zoológico. En ese zoológico nació una cría de oso panda el **nueve** de julio de 2005.

El pequeño oso panda se llama Tai Shan. Cuando Tai Shan nació era pequeñito y de color rosado. Se alimentaba de leche.

Ahora, su pelo es de color blanco y negro, y come hojas de bambú.

Cuando los niños se detuvieron **frente** a los osos panda, Ámbar comenzó a gritar:

—¡Tai Shan! ¡Tai Shan!

—Cuidado, lo vas a **asustar** —dijo Nico.

Por fin vieron a Tai Shan, estaba trepando a uno de los árboles. Cuando ya salían, Nico y Ámbar **compraron** una camiseta con la foto de Tai Shan.

Panda recién nacido

Tai Shan a los 4 meses de edad

Comprensión

Género

Una ficción realista es una historia que puede suceder en la realidad.

Resumir

Comparar y contrastar

Mientras lees, usa esta **tabla para comparar y contrastar.**

Cómo es Perro	Cómo es Gato
1	1
2	2
3	3

Lee para descubrir

¿Qué hace que Perro y Gato se hagan amigos?

Perro y Gato

Ricardo Alcántara
ilustraciones de Gusti

Carlos y Ana eran hermanos
gemelos. Aquel día cumplían
nueve años y sus padres
decidieron hacerles un regalo.
A la niña le **compraron** un perro,
y al niño, un gato.

Al ver los animales, Carlos y Ana gritaron
entusiasmados: —¡Son preciosos!

Pero… al quedar **frente** a frente, los animales
se miraron con malos ojos.

"¡Aaah, es un perro!", pensó el gato.
"¡Aaah, es un gato!", pensó el perro.

Sin más, cada uno decidió para sus adentros:
"Jamás seré amigo de ese bicharraco".

No hicieron el mínimo esfuerzo por caerse
simpáticos. Todo lo contrario.

El gato trataba de **asustar** al perro
enseñando sus uñas. El perro le gruñía
poniendo cara de malo.

En cuanto los amos se distraían, el gato
le asestaba al perro un zarpazo en la cola.

x

En cuanto los amos se distraían, el gato
le asestaba al perro un zarpazo en la cola.

Y el perro, al descubrir que el gato detestaba
el agua, no perdía ocasión de mojarlo.

El gato se vengó escondiéndole la comida a su adversario. Pero el perro le devolvió el golpe tomándose su tazón de leche.

Durante todo el día, no dejaron de molestarse mutuamente.

Hasta que cayó la noche.

Entonces, Carlos, Ana y sus padres apagaron las luces y se **fueron** a la cama.

El perro y el gato quedaron solos en medio
de la oscuridad.

Era la primera noche que pasaban lejos de su madre, y eso les hacía sentirse muy solos.

Tal era el susto, que temblaban de la punta de las orejas a la punta de la cola. Sin atreverse a dar un paso, miraron a su alrededor con ojos de miedo.

145

En medio de la oscuridad, cada uno vio brillar
los ojos del otro.

Sin pensárselo dos veces, se acercaron
corriendo. Y acabaron, juntos y abrazados,
debajo del sofá. Estando tan unidos, no les
asustaba la oscuridad.

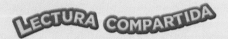

Una solución feliz

A **Ricardo Alcántara** le encanta escribir cuentos. Él inventa historias fantásticas cuando algo de la realidad no le gusta. Por eso hace cuentos, para encontrar soluciones que lo hagan sentir feliz.

Gusti nació en Argentina. Desde hace muchos años se dedica por completo a ilustrar libros para niños. Gusti ha ganado muchos premios por sus ilustraciones.

Otros libros de Ricardo Alcántara

Busca más información sobre Ricardo Alcántara y Gusti en **www.macmillanmh.com**

 ## Propósito del autor

El autor escribió sobre un gatito y un perrito que se ayudan para no tener miedo. Escribe sobre algo que te ayudó a no tener miedo.

Pensamiento crítico

Volver a contar

Usa las tarjetas para
volver a contar el cuento.

Tarjetas
Cuéntalo otra vez

Pensar y comparar

Cómo es Perro	Cómo es Gato
1	1
2	2
3	3

1. ¿En qué se parecen y en qué se diferencian Perro y Gato?

2. ¿Qué cosas aprendiste de Perro y Gato?

3. ¿Qué llevó a Perro y Gato a hacerse amigos?

4. ¿Crees que Tai Shan de "Frente a los osos", tiene miedo de estar solo? ¿Por qué?

PERROS
guías

La mayoría de los perros son sólo mascotas, pero algunos perros tienen trabajos. Ellos ayudan a las personas que no pueden ver.

Rasgos de un perro guía

1. Es inteligente.
2. Le gusta la gente.
3. Tiene el tamaño correcto.
4. Es amable.
5. Está en buena forma.

Los perros **guías** también se llaman perros lazarillos. Estos perros guían o conducen a los invidentes. Los perros pueden ayudarlos a llegar a cualquier lugar que ellos quieran.

¿Cómo aprenden los perros guías su trabajo? Su entrenamiento empieza cuando apenas tienen seis semanas. Se van a vivir con un criador de perros que los cuida por un año.

Si un cachorro muestra que puede aprender rápido, lo llevan a una escuela especial. ¡Es allí donde comienza el verdadero entrenamiento!

En la escuela, los perros aprenden muchas cosas. Se acostumbran a usar un **arnés**. Aprenden a conducir a las personas en las aceras, a cruzar la calle y a viajar en autobús. Cuando terminan la escuela, los perros pueden seguir 20 **órdenes**.

arnés

Luego, el perro conoce a su nuevo dueño.
Ambos deben aprender cómo trabajar el uno
con el otro. Los dos se entrenan juntos en la
escuela por cuatro semanas. Entonces, llega
el momento de irse a casa. ¡Ahora, son un
equipo!

⭐ Pensamiento crítico

¿Qué clase de perro guía crees
que sería el cachorro del cuento
Perro y Gato?

Escritura

Las interjecciones

Una **interjección** expresa un estado de ánimo o una emoción. Se escriben entre signos de exclamación.

César escribió por qué son importantes los veterinarios.

¡Hola! Te voy a decir por qué los veterinarios son importantes. Ellos ayudan a las mascotas enfermas, y a las que no lo están. Las examinan y las atienden. ¡Epa! No te olvides de llevar a tu mascota al veterinario.

Tu turno

¿Cómo ayudan los veterinarios a las mascotas?

¿Por qué es importante llevar a las mascotas al veterinario?

Escribe sobre lo que hacen los veterinarios y por qué son importantes.

Gramática y escritura

- Lee las oraciones de César. Señala los **interjecciones**. ¿Qué expresa cada una? ¿Qué dice César sobre los veterinarios?

- Revisa tus oraciones. ¿Incluiste información sobre los veterinarios? ¿Explicas por qué son importantes? ¿Usaste alguna **interjección**?

- Léele tus oraciones a un compañero o una compañera.

Lo que aprendió Saltamontes

Saltamontes tocó música todo el día.
–Hormiga, ¿quieres tocar conmigo?
–preguntó.

–No tengo tiempo para eso –dijo
Hormiga–. Debo hallar comida para
el invierno, y hacer mi casa.

–Pero, no hace frío todavía –dijo
Saltamontes. Él continuó tocando,
mientras Hormiga trabajaba duro.

Un día, hubo una tormenta de nieve. La nieve se arremolinó, y el viento rugió.

Hormiga tenía comida en abundancia, y una casa cómoda. Saltamontes no tenía nada que comer. Tenía frío.

Hormiga le dio un poco de maíz. –Espero que hayas aprendido la lección –dijo Hormiga.

Saltamontes suspiró. –Gracias Hormiga –dijo–. Aprendí que debes planificar por adelantado.

¿Qué dice la tabla del tiempo?

El tiempo es el estado del cielo y del aire. Puede ser **cálido** o **frío**. ¿Puedes ver **lluvia**, **nieve** o **nubes**? ¿Puedes sentir el **viento**?

La clase hizo una tabla del tiempo. Las fotos muestran cómo estaba el tiempo cada día.

sol

lluvia

nubes

nieve

viento

Usa las fotos para leer la tabla del tiempo.

1   ¿Qué tiempo hacía el lunes?

2   ¿Cuándo llovió?

3   ¿En qué días crees que la clase jugó afuera?

4   ¿Qué día era bueno para volar papalotes?

Estudio de las palabras

Vocabulario: Claves del contexto

- Lee la siguiente oración:

  El suelo estaba húmedo después de la lluvia.

- ¿Qué significa húmedo? ¿Significa casi lo mismo que crocante, mojado o feliz? ¿Qué claves te ayudan a descubrirlo?

- Mira la palabra enorme en la página 100. ¿Cómo te ayuda la oración a descubrir el significado de la palabra?

Comprensión

Relato informativo

- Ve a la página 14 y vuelve a leer "¡Reciclemos!". Escribe un comentario breve acerca del texto.

- Comenta alguna campaña de reciclaje que hayas visto u oído en los medios de comunicación. ¿De qué manera lograba transmitir el mensaje?

Fonética

Útiles escolares

- Ordena las palabras alfabéticamente:

  pisapapeles   lápices   tijeras

  camiseta   sacapuntas   hojalata

- Subraya las palabras que nombran útiles escolares. Por último, identifica las palabras compuestas e indica qué dos palabras forman cada una.

 Escritura

Escribe acerca de una fábula

- Ve a la página 158 y vuelve a leer "Lo que aprendió Saltamontes".

- ¿Te has sentido alguna vez como estos personajes? Explica cuándo y por qué.

- Escribe acerca de los personajes y cuenta si alguna vez te has sentido así.

 Conéctate **StudentWorks** Plus **Libro interactivo del estudiante**
Actividades interactivas de lecto-escritura www.macmillanmh.com

163

Glosario

¿Qué es un glosario?

Un glosario te ayuda a conocer el significado de las palabras. Las palabras están listadas en orden alfabético. Puedes buscar una palabra y leer una oración con esa palabra. A veces, también hay una ilustración.

microscopio

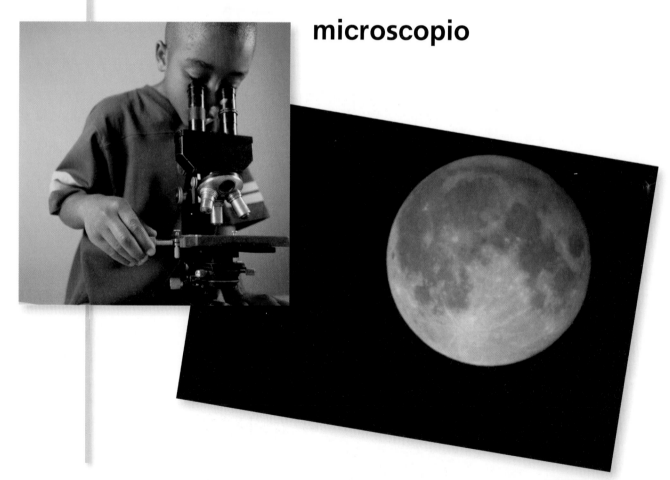

Luna

Ejemplo de entrada

Letra

Entrada

Oración

Ff

fotografías

Me gusta tomar **fotografías** de pájaros.

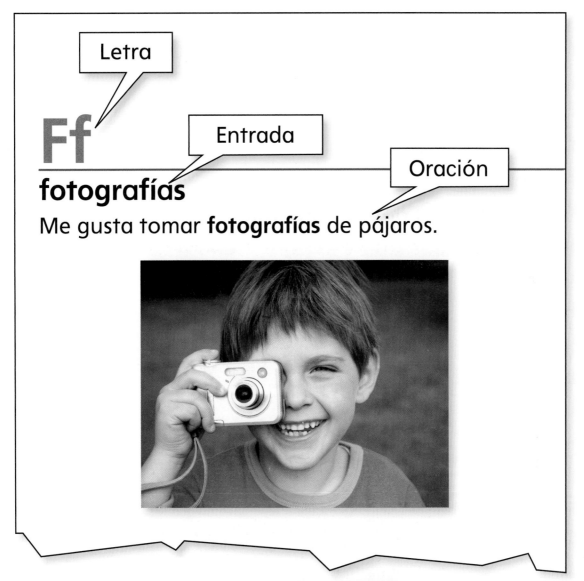

científicos

Aa

asustar

Me puse una máscara para **asustar** a mi hermano.

Cc

cálido

Durante el verano el clima es **cálido**.

científicos

Los **científicos** trabajan en un laboratorio.

compraron

Mis padres me **compraron** un libro de aventuras.

curioso

Luis hace muchas preguntas porque es **curioso**.

Dd

detrás

Carlos se esconde **detrás** del árbol.

Ee

enorme

El elefante es un animal **enorme**.

estrella

Esta **estrella** es muy grande.

estupendo

Pasé un día **estupendo** jugando con mis amigos.

Ff

fotografías

Me gusta tomar **fotografías** de pájaros.

frente

Los jugadores de ajedrez se sientan uno **frente** a otro.

fueron

Los niños **fueron** a la playa con sus abuelos.

Ii

idea

La excursión fue **idea** de Tomás.

intenso

Hoy el frío es **intenso**.

Ll

limpio

Nosotros bañamos al perro para dejarlo **limpio**.

Luna

La **Luna** llena brilla en el cielo de noche.

Mm

mantenerse

Lola hace ejercicio para **mantenerse** sana y fuerte.

microscopio

El **microscopio** ayuda a ver las cosas de cerca.

Nn

nueve

Mi hermana cumplió **nueve** años.

Oo

observar

Voy a **observar** un esqueleto de dinosaurio.

Pp

papel

En mi escuela reciclamos el **papel** usado.

plástico

Esta lonchera está hecha de **plástico**.

predecir

Él va a **predecir** el tiempo que hará mañana.

pueda

Si no termino la tarea, no creo que **pueda** ir a jugar.

puede

Este tren **puede** ir muy rápido.

Rr

reciclaje

Éste es un recipiente para **reciclaje**.

reciclar

Al **reciclar** papel evitamos que se corten árboles.

respuesta

José sabe la **respuesta** a la pregunta de la maestra.

Ss

separan

Al reciclar, **separan** el vidrio del papel.

Sol

El **Sol** nos da luz y calor.

sonido

Nos gusta mucho el **sonido** de la lluvia al caer.

Tt

Tierra

En la **Tierra** hay muchos mares y océanos.

Uu

universo

El **universo** no tiene fin.

Acknowledgments

The publisher gratefully acknowledges permission to reprint the following copyrighted material:

YO, ASTRONAUTA by María Espluga. Copyright © 2005 by María Espluga. Reprinted with permission of Combel Editorial, Barcelona, Spain.

PERRO Y GATO by Ricardo Alcántara. Copyright © 1998 by La Galera. Reprinted with permission of La Galera.

Book Cover, YO, MARINERO (YO QUIERO SER) by María Espluga. Copyright © 2006 by Combel Editorial. Reprinted with permission of Combel Editorial, Barcelona, Spain.

Book Cover, YO, BAILARINA (YO QUIERO SER) by María Espluga. Copyright © 2006 by Combel Editorial. Reprinted with permission of Combel Editorial, Barcelona, Spain.

Book Cover, TOMÁS Y LA GOMA MÁGICA by Ricardo Alcántara. Copyright © 2004 by Grupo Editorial Luis Vives. Reprinted with permission of Editorial Edelvives.

Book Cover, TOMÁS Y EL LÁPIZ MÁGICO by Ricardo Alcántara. Copyright © 2004 by Grupo Editorial Luis Vives. Reprinted with permission of Editorial Edelvives.

ILLUSTRATIONS
Cover: Pablo Bernasconi.

12-13: Rosario Valderrama. 14-31: Janet Montecalvo. 34-39: Jessica Wolk Stanley. 46-63: John Kanzler. 90-91: Hector Borlasca. 92-115: Maria Espluga. 118-119: Manuel Uhia Lima. 126-149: Gusti. 158-163: Melissa Sweet.

PHOTOGRAPHY
All Photographs are by Macmillan/McGraw-Hill (MMH) except as noted below:

6-7: (bkgd) Ann Cutting/Jupiter Images. 8: (bl) Scott W. Smith/Animals Animals. 9: (br) Richard Wills. 10-11: (bkgd) Torsten Blackwood/AFP/Getty Images, Inc. 34: (b) Ken Karp. 35: (br) Javier Larrea/AGE Fotostock. 36: (tr) AP-Wide World Photos. 37: (b) Richard Hutchings/Photo Edit Inc. 38: (r) Richard Hutchings/Photo Edit Inc. 39: (c) Ken Karp. 66: (b) MMH. 67: (cl) Andrew Syred/Science Photo Library/Photo Researchers, Inc.; (cr) Davies & Starr/The Image Bank/Getty Images, Inc. 68: (tl) VVG/Science Photo Library/Photo Researchers, Inc.; (b) Stephen Marks/The Image Bank/Getty Images, Inc. 69: (l) Dennis Kunkel/Phototake; (r) David Sacks/Taxi/Getty Images, Inc. 70: (cr) Banastock/Imagestate. 88-89: (bkgd) JohnKelly/Getty Images. 120: (cr) image 100/PunchStock. 152: (b) Digital Vision/Getty Images; (bkgd) (bottom, background) Westend61/Alamy. 153: (tl) Paul Doyle/Alamy. 154: (bl) Richard Sobol/Animals Animals; (br) Phanie / Photo Researchers, Inc.; (bkgd) (bottom, background) Westend61/Alamy. 156: (c) tbkmedia.de / Alamy; (tr) Michael Newman/Photo Edit Inc. 157: (tr) Arthur Tilley/Getty Images. 164: (br) ©JUPITERIMAGES/ Comstock Images / Alamy; (cl) Ryan McVay/Getty Images, Inc. 165: (bc) David Joel/Stone/ Getty Images, Inc.; (c) Masterfile Royalty Free. 166: (tc) ©Peter Casolino / Alamy; (bc) David Joel/Stone/Getty Images, Inc. 167: (tc) ©Zefa RF / Alamy; (bc) Jack Hollingsworth/Getty Images, Inc. 168: (tc) ©PHOTOTAKE Inc. / Alamy; (bc) Masterfile Royalty Free. 169: (tc) Jeff Zaruba/CORBIS; (bc) ©Gabe Palmer/Jupiter Images. 170: (tc) Michael Keller/CORBIS. 171: (tc) Ryan McVay/Getty Images, Inc.; (bc) Layne Kennedy/CORBIS. 172: (bc) Stockbyte/Picture Quest; (bc) ©JUPITERIMAGES/ Brand X / Alamy. 173: (tc) Michael Dunning/Photographer's Choice/Getty Images, Inc.; (bc) ©Blend Images / Alamy. 174: (bc) Doug Menuez/Getty Images. 175: (tc) Timothy Shonnard/ Stone/Getty Images, Inc.; (bc) StockTrek/Getty Images, Inc..